Bibliografische Information der Deutschen Nationalbibliothek:

Die Deutsche Bibliothek verzeichnet diese Publikation in der Deutschen National-
bibliografie; detaillierte bibliografische Daten sind im Internet über http://dnb.d-
nb.de/ abrufbar.

Impressum:

Copyright © 2001 GRIN Verlag, Open Publishing GmbH
Druck und Bindung: Books on Demand GmbH, Norderstedt Germany
ISBN: 9783638602761

Dieses Buch bei GRIN:

http://www.grin.com/de/e-book/1019/berichterstattung-nach-den-terroranschlaegen-
vom-11-september-ethik

Patrick Hammer

Berichterstattung nach den Terroranschlägen vom 11. September. Ethik und Funktionen des Journalismus auf dem Prüfstand

Eine kommunikationswissenschaftliche Analyse und ein Essay

GRIN Verlag

Berichterstattung nach dem Terror vom 11. September - Ethik und Funktionen des Journalismus auf dem Prüfstand

Eine kommunikationswissenschaftliche Analyse und ein Essay

I. Kommunikationswissenschaftliche Analyse auf Basis der Medienethik

Einleitung

Die Terror-Anschläge vom 11. September 2001, als zwei Passagierflugzeuge in die beiden Türme des World Trade Center in New York und ein weiteres in das Pentagon in Washington geflogen wurden - eine der größten Katastrophen innerhalb der USA - führten zu einem nie zuvor da gewesenen Medieninteresse. Nur acht Minuten, nachdem das erste Flugzeug in einen der Türme einschlug, meldete die AP (Associated Press) von der Katastrophe. Nur wenig später sendete der deutsche Nachrichtensender n-tv Live-Bilder des US-Nachrichtensenders CNN. Erstmals konnten auch die Online-Medien ihre Stärken, wie die fortlaufende Aktualisierung unter Beweis stellen. Das große Medieninteresse ist aus kommunikationswissenschaftlicher Sicht auch damit zu erklären, dass auf die Katastrophe besonders viele "Nachrichtenfaktoren" zutrafen, also Merkmale, die ein Ereignis aufweisen muss, um zur Nachricht zu werden, wie in diesem Falle Außergewöhnlichkeit, Ereignisentwicklung, Eindeutigkeit, Bedeutsamkeit, Überraschung, Elitenationen, Personalisierung (eine Katastrophe, die jeden von uns hätte treffen können), Negativität. Acht der zwölf von Ruhrmann vorgeschlagenen Nachrichtenfaktoren trafen auf die Katastrophe eindeutig zu. So lief nur wenige Stunden nach dem Ereignis auf fast allen TV-Sendern eine einheitliche Berichterstattung, reguläre Programme wurden unterbrochen. Die Konsequenzen des Terror-Anschlags waren in den ersten Tagen noch nicht absehbar, sogar ein dritter Weltkrieg wurde befürchtet. Michel Friedman meinte zu diesem Thema bei einer DJV-Tagung: Anhand des Extremfalls kann auf die Funktionalität des Mediensystems im Normalfall geschlossen werden, der Journalismus stand durch diese Ereignisse auf dem Prüfstand.

Steuerungs- und Reflexionsfunktion der Medienethik

Um den Journalismus theoretisch fundiert auf den Prüfstand zu stellen, muss man sich der Medienethik behelfen, die einerseits mit ihrer Steuerungsfunktion als integrierendes, legitimierendes und motivbildendes Moment fungiert. Andererseits hat die Medienethik die Reflexionsfunktion, die vorausgegangene Entscheidungen des Mediensystems im Nachhinein analysiert.

Medienethische Bewertung

In der Medienethik wird insbesondere zwischen der Individualethik, der Ethik des Mediensystems und der kollektiven Publikumsethik unterschieden. Auf deren Basis soll die Berichterstattung nach dem 11. September reflektiert werden.

1. Individualethik

Bei dieser Betrachtungsweise hängt die ethische Entscheidung vom einzelnen Journalisten ab, welche Informationen und Bilder er in welcher Form veröffentlichen möchte. Z.B. der deutsche Pressekodex dient dem Journalisten als Leitfaden für sein Handeln. Dort sind Normen wie die Wahrheitspflicht, die Sorgfaltspflicht, die Vermeidung religiöser Diskriminierung und sensationeller Berichterstattung festgehalten. Entsprechend hat der deutsche Presserat am 19.09. in einer Pressemitteilung die Medien dazu aufgerufen, besonnen zu bleiben, ihre professionelle kritische Distanz trotz der weltweiten Betroffenheit nicht aufzugeben, Verdachtsberichterstattung als solche kenntlich zu machen, keine Feindbilder und Vorurteile zu schüren und Verantwortungsbewusstsein zu zeigen.

Damit hat der deutsche Presserat die wesentlichen Problemfelder der Medienberichterstattung für den einzelnen Journalisten im Zusammenhang mit den Terroranschlägen und ihren Folgen skizziert.

Aktualitätszwang der ersten Stunden:

- Die Ereignisse überschlugen sich anfangs, Informationen können nicht überprüft werden, werden aber trotzdem verbreitet, um dem Informationsbedürfnis der Bevölkerung nachzukommen. Nur Fakten statt Hintergründe konnten genannt werden, selbst geladene „Experten" können angesichts der Lage nur spekulieren, dadurch entstand z.T. Panikmache (30.000 Tote statt der reellen Zahl von unter 4.000, sogar vor einem dritten Weltkrieg wurde gewarnt).

- Das TV war das Medium der ersten Stunde und berichtete den ganzen Tag, es fehlte jedoch an Bildmaterial, deshalb musste zum Teil auf unkommentierte Archivbilder rückgegriffen werden, die zur Realitätsverzerrung beitrugen.

- Die gezeigten Bildern hatten eine hohe emotionale Schlagkraft, die Folgen der Ausstrahlung auf sensible Menschen war nicht absehbar.
- Zum Teil kam Sensationalismus auf: trauernde Angehörige wurden ohne Rücksicht interviewet, verzweifelte Menschen, die aus den oberen Stockwerken des WTC sprangen, wurden gefilmt. Die Journalisten hatten allerdings nur sehr wenig Zeit um ethische Entscheidungen zu treffen.

Vorverurteilung:

- Manche Bilder und Berichte der ersten Stunden waren weder gesinnungs- (Wahrheitspflicht) noch verantwortungsethisch (die Konsequenzen berücksichtigend) zu rechtfertigen: z.b. die Bilder der jubelnden Palästinenser, die implizierten, dass der gesamte Islam die Anschläge feiert. Die Beileidsbekundungen der arabischen Welt gingen unter, wurden z.T. sogar angezweifelt (Arafat).
- Problematisch war auch die gewählte Terminologie der ersten Tage: emotional aufgeladene, teilweise unreflektierte Begriffe wurden verwendet oder von Politikern übernommen (Angriff auf die „zivilisierte Welt", Kreuzzug, heiliger Krieg, Islamisten, Vergeltungsschlag). Die Boulevardpresse in Deutschland verwendete oft martialische Überschriften, wie der Kölner Express („Jagt ihn! 10 Mio. für seinen Kopf"), was eine Missbilligung des Presserates nach sich zog. Auch forderte z.B. der Chefredakteur der Tageszeitung "Ostfriesischen Nachrichten", die Hinterleute der Terroranschläge von New York müssten "entfernt" werden "ohne dass irgendjemand Rechte einzufordern hat". Dies zog eine Rüge des Presserates nach sich, hier wurde Meinungsjournalismus betrieben, der zum einen mit rechtsstaatlichen Grundsätzen nicht zu vereinbaren ist und zum anderen durch Vorverurteilung und Hetze einen Keil zwischen die islamische und nicht-islamische Welt treiben könnte.

Verlust der kritischen Distanz:

- Die Zensur und Propaganda von beiden Kriegsparteien war medienethisch problematisch, da die Zensur die Pressefreiheit einschränkt und in Bezug auf die Kriegsmeldungen Quellentransparenz, die die wahrhaftige Unterrichtung der Öffentlichkeit garantiert, nicht möglich ist. Hier besteht die Gefahr, in Verlautbarungsjournalismus zu verfallen.

2. Mediensystemethik

Der einzelne Journalist kann in einem komplexen Mediensystem nicht isoliert betrachtet werden, sondern als Teil eines Gesamtsystems. Auch diesem System kommt eine ethische Verantwortung zu – insofern wirkt es ggf. als Korrektiv für ethische Fehlleistungen des einzelnen Journalisten und kann gleichzeitig eigenständige ethische Entscheidungen fällen. Im Zusammenhang mit dem 11. September sei beispielsweise auf die Entscheidung der US-Networks verwiesen, auf Exklusivrechte an Bildern zu verzichten. Die deutschen Medien riefen in diesem Zusammenhang zu Schweigeminuten in TV und Radio auf, sendeten keine Werbung - der Musiksender VIVA setzte sein Programm für einen Tag komplett aus.

Ebenso sei auf die zahlreichen Solidaritätsbekundigungen der Medien verwiesen – es wurden Spendenfonds eingerichtet, der Springerverlag schrieb seine Unternehmensgrundsätze um und bekundet nun explizit seine Solidarität mit der freiheitlichen Wertegemeinschaft mit den USA, die B.Z. legte einer Ausgabe eine USA-Fahne bei.

Entgegen den moralischen Prinzipien der Mediensystemethik kam es in den USA kam es sogar zu Selbstzensur aus übertriebenem Patriotismus – Kritik am Präsidenten war unerwünscht, zwei Bush-kritischen Journalisten wurde sogar gekündigt. Die Unparteilichkeit und das Prinzip der Objektivität des Journalismus sowie die Funktion der Kritik und Kontrolle wurde von den Medien also selbst ausgeschaltet

3. Kollektive Publikumsethik

Wichtig ist gerade in diesen Fällen der Selbstzensur die Publikumsethik, welche von den Rezipienten einen kritischen Umgang mit den Medien und deren Inhalten verlangt. Als letztes Regulativ bleibt dem Publikum Medienverweigerung, was angesichts des Informationsbedürfnisses in dieser Situation nicht möglich war.
Problematisch, war es hier allerdings, dass alle Medien die gleichen Inhalte boten, so dass eine kritische Meinungsbildung aus verschiedenen Quellen anfangs erschwert war, wie zum Teil auch bei der Kriegsberichterstattung.

Konnten die deutschen Medien Ihre Funktion erfüllen?

Die grundlegende Informationsfunktion wurde von den Medien von Anfang an voll erbracht. Die Herstellung von Öffentlichkeit wurde durch alle Medien betrieben, Schaffung von Transparenz erfolgte nach wenigen Tagen z.b. durch die politischen Wochenzeitschriften, die durch Hintergrundberichterstattung das Volk über Zusammenhänge aufklärte. Kritik und Kontrolle, also die öffentliche Aufgabe der Medien war zunächst nicht möglich, nach einigen Tagen erholte sich die deutsche Presse jedoch aus ihrem Schockzustand und es wurden die ersten kritischen Hintergrundberichte veröffentlicht. Die Illustrierte "Stern" brachte beispielsweise eine Sonderausgabe mit dem Titel "Stoppt diesen Krieg". Allerdings wurde von der International Federation of Journalists beklagt, dass in den Wochen nach den Anschlägen, nahezu über keine anderen politischen Ereignisse berichtet wurde, sodass beispielsweise die britische Regierung die Zeit nutzte, um unpopuläre Maßnahmen zu treffen. Hier griff die den Medien normativ zugewiesene Kritik- und Kontrollfunktion nicht. Jedoch ermöglichten sie als Sprachrohr für alle in den Wochen nach dem Anschlag eine kritische Meinungsbildung bezüglich dieses wichtigen Themas, z.b. durch Diskussionsrunden mit in Deutschland lebenden Moslems.

Der deutsche Journalismus erwies sich trotz medienethisch bedenklicher Vorkommnisse insgesamt als funktionsfähig und differenziert, was sich auch an den vielfältigen journalistischen Berufsauffassungen zeigt, die in den Wochen nach den Anschlägen präsent waren: pädagogischer (Hintergrundwissen Islam) und anwaltschaftlicher Journalismus (bezogen auf das Leid der Menschen in Afghanistan), die objektive Vermittlung, der Meinungsjournalismus (z.B. die Kritik am Streubomben-Einsatz durch die USA). Es kam insgesamt kein Ja-Sager-Journalismus wie in den USA auf – so gab es z.B. durchaus Kritik am Krieg der USA gegen die Taliban. Die anfänglichen Verstöße gegen medienethische Grundnormen zeigen jedoch, dass es enorm wichtig ist, Journalisten schon in ihrer Ausbildung medienethische Normen zu vermitteln, so dass sie auch in solchen Fällen verantwortungsbewusst handeln können. Gerade die normativen Ansprüche an die Qualität massenmedialer Informationsvermittlung - Vollständigkeit, Objektivität und Verständlichkeit müssen verinnerlicht werden. Solcher Grundsätze sollten sich Journalisten immer bewusst sein, damit die Medien auch im Extremfall ihre Funktionen für die Gesellschaft erfüllen können und es nicht zu massenmedialen Dysfunktionen kommt. Eine Stärkung der Presseselbstkontrolle könnte in diesem Falle auch helfen, um die Bevölkerung eindeutig auf die Verstöße seitens einiger Journalisten aufmerksam zu machen und das Publikum so zu schulen, kritisch mit der Medienberichterstattung umzugehen - im Sinne einer Publikumsethik, die gerade bei solchen Katastrophen wichtig erscheint.

II. Essay: Berichterstattung nach dem 11. September

Einleitung

Die Terror-Anschläge vom 11. September 2001, als zwei Passagierflugzeuge in die beiden Türme des World Trade Center in New York und ein weiteres in das Pentagon in Washington geflogen wurden - eine der größten Katastrophen innerhalb der USA - führten zu einem nie zuvor da gewesenen Medieninteresse. Nur acht Minuten, nachdem das erste Flugzeug in einen der Türme einschlug, meldete die AP (Associated Press) von der Katastrophe. Nur wenig später sendete der deutsche Nachrichtensender n-tv Live-Bilder des US-Nachrichtensenders CNN. Erstmals konnten auch die Online-Medien ihre Stärken präsentieren, sofort war die Meldung auch auf den Nachrichtensites im Internet zu lesen, und aus jeder neuen Meldung formten sich so immer längere Nachrichtentexte, in denen die bisherigen Ereignisse nachvollzogen werden konnten. Das große Medieninteresse ist aus kommunikationswissenschaftlicher Sicht auch damit zu erklären, dass auf die Katastrophe besonders viele "Nachrichtenfaktoren" zutrafen, also Merkmale, die ein Ereignis aufweisen muss, um zur Nachricht zu werden, wie in diesem Falle Außergewöhnlichkeit, Ereignisentwicklung, Eindeutigkeit, Bedeutsamkeit, Überraschung, Elitenationen, Personalisierung (eine Katastrophe, die jeden von uns hätte treffen können), Negativität. Acht der zwölf von Ruhrmann vorgeschlagenen Nachrichtenfaktoren trafen auf die Katastrophe eindeutig zu. So lief nur wenige Stunden nach dem Ereignis auf fast allen TV-Sendern eine einheitliche Berichterstattung, reguläre Programme wurden unterbrochen. Die Konsequenzen des Terror-Anschlags waren in den ersten Tagen noch nicht absehbar, sogar ein dritter Weltkrieg wurde befürchtet - dieser Extremfall eignet sich somit sehr gut, um die Funktionsfähigkeit der Medien im Normalfall auf den Prüfstand zu stellen.

Wenn aus Aktualitätsdruck Aktualitätszwang wird.

Da sich die Ereignisse von Anfang an überschlugen, waren die Journalisten gezwungen, spekulative Agenturmeldungen zu übernehmen und Live-Bilder zu kommentieren. So war am Anfang von einer "Cessna" die Rede, die versehentlich das WTC rammte, bis diese Meldung kurz nach dem zweiten Crash korrigiert wurde. Nach dem Einsturz der Türme war sehr schnell von 30.000 Toten die Rede, bis Wochen später die offizielle Zahl von unter 4.000

Toten bekannt gegeben wurde. Insgesamt wurden in den ersten Stunden der Katastrophe in erster Linie laufende Ereignisse genannt, eine Einordnung war den Journalisten, die selbst noch keine Hintergrund-Informationen hatten, nicht möglich. Nach wenigen Stunden wurden die ersten Experten in die TV-Studios geladen, die ihre Meinung zu den Attentaten abgeben sollten. Diese hatten jedoch auch das Problem, nur spekulieren zu können, dass außer der Live-Bilder nur wenige weitere Fakten bekannt waren.

Die Medien haben in den ersten Stunden nach der Katastrophe vornehmlich ihre Informationsfunktion ausüben können, die gesellschaftliche Funktion der Herstellung von Öffentlichkeit wurde ebenfalls erfüllt - die Menschen wollten informiert werden, es gab einen regelrechten Hunger nach neuen Informationen. Auch trugen die Medien zur gesellschaftlichen Integration bei, da Millionen Menschen durch das einheitliche Programm die selben Bilder sahen und durch das daher entstehende Gemeinschaftsgefühl (Schweigeminute) zumindest ein wenig Trost in der Katastrophe erhielten. Trotz der Fehlinformationen, die anfangs kursierten, konnten die Journalisten ihre Fähigkeit, in einer extremen Stresssituation ruhig zu bleiben und die Bevölkerung zu informieren, unter Beweis stellen.

Die Macht der Bilder.

Die Bilder der Katastrophe hatten eine hohe emotionale Wirkung, sie waren schockierend und vermittelten dem Zuschauer das Gefühl, fast dabei zu sein, Bilder sind zu dem für den Rezipienten sehr glaubwürdig, so dass fast die ganze Nation an diesem Tag vor dem Fernseher saß und dieselben Bilder sah. Auch hier standen die Journalisten unter erheblichem Druck. Sie waren oft auf Amateuraufnahmen oder Archivbilder angewiesen und mussten ohne lange Ethikdebatte entscheiden, welche Bilder sie sendeten und welche nicht: Sollte man die Menschen zeigen, die sich aus dem WTC stürzen? In diesem Zusammenhang gibt es einige Vorkommnisse, die aus medienethischer Sicht gesehen problematisch erscheinen: So wurden Archivbilder im falschen Kontext gezeigt, teils aus Zeitmangel, teils willentlich (z.B. Bilder des ersten Anschlags auf das WTC Anfang der 90er Jahre), auch wurden einige Palästinenser gezeigt, die auf den Straßen jubelten, ohne eindeutigen Kommentar, dass diese Personen keinesfalls repräsentativ für alle Moslems sind. Über die sofortigen Beileidsbekundungen arabischer Staaten wurde nicht in aller Deutlichkeit berichtet. Auch Sensationsjournalismus kam sehr schnell auf: so interviewten nach kurzer Zeit einige Reporter Angehörige der Opfer der Anschläge, ohne Rücksicht auf deren Schockzustand.

Medienethische Grundnormen, die beispielsweise im deutschen Pressekodex festgehalten sind, wie Wahrhaftigkeit, Sorgfalt, Persönlichkeitsrechte und die Achtung der Menschenwürde, wurden hier eindeutig verletzt.

Terminologie

Im Zusammenhang mit den Bildern der jubelnden Palästinenser und ersten Gerüchten, dass es sich womöglich um einen palästinensischen Anschlag handle, kam es seitens der Presse sehr schnell zu einer Vorverurteilung ohne konkrete Beweise. Die Verurteilung der Anschläge durch Palästinenser-Präsident Arafat wurde hingegen sogar als Farce angezweifelt. Die Journalistische Norm der Objektivität wurde offensichtlich vernachlässigt, sorgfältige Recherche wurde nicht betrieben. In den nächsten Tagen wurde die aufhetzende Terminologie seitens vieler Medien noch verstärkt, militärische und hetzerische Begriffe wurden verbreitet: So sprach man, vom Kampf gegen die "unzivilisierte Welt" und erwartete einen amerikanischen "Gegenschlag", obwohl noch nicht klar war, gegen wen zurückgeschlagen werden sollte und obwohl US-Präsident Bush von einem langem Prozess sprach, der nötig sein würde, um die Schuldigen ausfindig zu machen. Die deutschen Boulevard-Blätter bedienten sich besonders fragwürdiger Terminologie: So forderte der Kölner Express geradezu zur Selbstjustiz in Bezug auf den mutmaßlichen Drahtzieher der Anschläge, Osama Bin Laden, auf ("Jagt Ihn! 10 Mio. für seinen Kopf"), wobei gesagt werden muss, dass es zu diesem Zeitpunkt noch keine konkreten Beweise für seine Schuld gab. Auch forderte z.B. der Chefredakteur der Tageszeitung "Ostfriesischen Nachrichten", die Hinterleute der Terroranschläge von New York müssten "entfernt" werden "ohne dass irgendjemand Rechte einzufordern hat". Hier wurde seitens der Medien Meinungsjournalismus betrieben, der zum einen mit rechtsstaatlichen Grundsätzen nicht zu vereinbaren ist und zum anderen durch Vorverurteilung und Hetze einen Keil zwischen die islamische und nicht-islamische Welt treiben könnte. Manche Organe übten ihre Beurteilungsgewalt ohne Rücksicht auf medienethische Grundsätze aus. So wurde die Vermittlerrolle der Medien stark verletzt. Die fehlende Objektivität und Recherche führte somit zu einer dysfunktionalen Berichterstattung, da einige Redakteure so eindeutig Position bezogen haben. Einige Vorfälle waren weder gesinnungs- noch verantwortungsethisch zu rechtfertigen: so wurde zum Teil nicht die Wahrheit berichtet (Vorverurteilung der Palästinenser) und auch die möglichen Folgen der spekulativen Berichterstattung wurden nicht beachtet.

Selbstzensur und Solidarität

Ein wichtiger Punkt ist ebenfalls die Autozensur, die sich die amerikanischen Medien in den Wochen nach den Anschlägen selbst auferlegten. So einigten sie sich darauf, in dieser schwierigen Zeit den Präsidenten nicht zu kritisieren - zwei Journalisten wurde sogar gekündigt, weil sie negativ über Bushs Verhalten berichteten. Die patriotische Begrifflichkeit der Regierung wurde sehr schnell übernommen und kritische Berichterstattung über die US-Politik nach den Anschlägen war kaum zu finden - hier gab es also eine starke Tendenz zum Verlautbarungsjournalismus, die wichtige Kritik- und Kontrollfunktion der Medien war nahezu ausgeschaltet. Auch die deutschen Medien befanden sich in den ersten Tagen im Schockzustand und betrieben zum Teil eine Form von "Solidaritätsjournalismus", der nach einigen Wochen jedoch immer mehr zum Normalzustand zurückkehrte, in dem auch kritische Stimmen zu Wort kommen konnten, wie beispielsweise in der Sonderausgabe der Illustrierten "Stern" mit dem Titel "Stoppt diesen Krieg". Auch die politischen Wochenzeitungen zeigten sehr schnell ihre Stärke, in dem sie Hintergründe aufzeigten und die Ereignisse genau analysierten und einordneten. Auch der pädagogische Journalismus, der die Bevölkerung z.B. über den Islam aufklärte, lebte schnell wieder auf. Es kam also in Deutschland nicht zu einem "Ja-Sager-Journalismus", wie er zum Teil in Amerika anzutreffen ist. Allerdings wurde von der International Federation of Journalists beklagt, dass in den Wochen nach den Anschlägen, nahezu über keine anderen politischen Ereignisse berichtet wurde, sodass beispielsweise die britische Regierung die Zeit nutzte, um unpopuläre Maßnahmen zu treffen. Hier griff die den Medien normativ zugewiesene Kritik- und Kontrollfunktion, ihre "öffentliche Aufgabe" nicht.

Fazit

Insgesamt muss zur Verteidigung der deutschen Medien gesagt werden, dass die Selbstkontrolle sehr bald zu greifen begann: so sprach der deutsche Presserat eine Rüge gegen die Ostfriesischen Nachrichten aus und missbilligte ebenfalls die Titelzeile des Kölner Express und der DJV verurteilte die gezeigten Bilder der jubelnden Palästinenser am Tag der Katastrophe. Auch rief der Presserat die deutschen Journalisten am 19. September zu Besonnenheit auf, sie sollten keine Feindbilder aufbauen und keine Schwarz-Weiß-Malerei betreiben. Es ist jedoch klar, dass die Ereignisse des 11. September auch ein Schockerlebnis war, dass sie selbst verarbeiten mussten. So kam es Anfangs zu einigen Verstößen gegen medienethische Grundnormen und die Funktionen der Medien wurden nicht zu genüge erfüllt, nach wenigen Tagen besserte sich dieser Zustand jedoch merklich. Diese Extremsituation für den Journalismus zeigte, dass es enorm wichtig ist, Journalisten schon in ihrer Ausbildung medienethische Normen zu vermitteln, so dass sie auch in solchen Fällen Verantwortungsbewusst handeln können. Gerade die normativen Ansprüche an die Qualität massenmedialer Informationsvermittlung - Vollständigkeit, Objektivität und Verständlichkeit müssen trainiert werden. Es zeigt sich auch, dass Weber's drei Prinzipien für politisches Handeln, Leidenschaft (ungeteiltes Engagement für die Sache), Augenmaß (Verhältnismäßigkeit der Mittel) und Verantwortungsbewusstsein (Abschätzung der Folgen) auch für die journalistische Praxis gelten. Gerade solche Grundsätze sollten sich Journalisten immer bewusst sein, damit sie auch im Extremfall ihre Funktionen für die Gesellschaft erfüllen können und es nicht zu Verstößen und Fehlern wie den oben erwähnten kommt. Eine Stärkung der Presseselbstkontrolle könnte in diesem Falle auch helfen, um die Bevölkerung eindeutig auf die Verstöße seitens einiger Journalisten aufmerksam zu machen und das Publikum so zu schulen, kritisch mit der Medienberichterstattung umzugehen - im Sinne einer Publikumsethik, die gerade bei solchen Katastrophen wichtig erscheint.